AF339764

QUELQUES RÉFLEXIONS

SUR LA SÉANCE

DE LA

CHAMBRE DES DÉPUTÉS

DU 24 MAI 1821.

PAR M. ***.

Morceau qui devoit être inséré dans le *Défenseur*, et qui a été rejeté par la CENSURE.

A PARIS,

A LA LIBRAIRIE GRECQUE-LATINE-FRANÇOISE,

RUE DE SEINE, N° 12.

ET CHEZ TOUS LES MARCHANDS DE NOUVEAUTÉS.

JUIN 1821.

QUELQUES RÉFLEXIONS

SUR LA SÉANCE

DE LA

CHAMBRE DES DÉPUTÉS

DU 24 MAI DERNIER.

———

COMMENT la révolution nous poursuit-elle partout au milieu de la restauration? On l'a déjà dit et l'histoire le redira avec des développemens qui maintenant ne nous sont pas permis et des paroles énergiques dont nous sommes forcés de nous abstenir. Elle appellera par son nom, et saura qualifier comme il doit l'être, *l'homme d'état* que l'on eut l'inconcevable bonhomie de consulter sur le parti à prendre à l'égard de cette révolution, alors que l'Europe s'étoit ébranlée et précipitée toute entière sur Paris pour en finir avec elle. Cette homme d'état *révolutionnaire*, c'est-à-dire précisément tout l'opposé d'un véritable homme d'état, conseilla, suivant ses principes et sa capacité, précisément le contraire de ce qu'il falloit faire. Tout autre à sa place, avec du bon sens et un peu de cœur, eût saisi cette occasion qui lui étoit offerte comme par une faveur spéciale de la Providence, pour se *précipiter dans la gloire*, selon la belle expression de Tacite, et y faire disparoître jusqu'à la moindre trace de ses fautes passées. L'homme en question n'avoit dans l'esprit que de la finesse, dans le cœur que de la corruption, tout juste enfin ce qu'il falloit pour ne point profiter de ce moment unique dans les annales du monde; effectivement il le manqua pour lui, pour la France, pour la société entière. Ce fut lui qui conçut la *sublime* idée de lier ensemble par d'*indissolubles* nœuds les intérêts de la monarchie à ceux de la révolution, parce qu'il fut assez peu avisé pour y voir son propre intérêt. Nous jouissons maintenant des doux fruits de cette union; nous possédons la France *telle qu'il nous l'a faite.* On assure que ce personnage, plaisant agréable, bel esprit de salon, et qui passe encore pour un grand homme dans quelques salons, a des accès de gaieté dans lesquels il lui arrive de se moquer un peu de ce qui se fait aujourd'hui, comme si ce n'étoit pas son ouvrage, et de ceux qui le font, comme si ce n'étoit point lui qui les eût mis à la besogne. Ce rire est un signe d'impénitence finale qui effraie : un tel rire nous feroit presque pleurer; et puisqu'il ne pleure point lui-même, il faut que la source de ses larmes soit à jamais tarie.

Ce système de *fusion*, d'*amalgame*, d'*union et oubli*, comme on voudra l'appeler, confondit sans doute les royalistes; mais on peut dire que l'impression qu'il fit sur les révolutionnaires fut encore plus profonde. Rappelés à la lumière lorsqu'ils demandoient aux abîmes de s'ouvrir pour les cacher, comblés d'honneurs et de récompenses, alors qu'ils s'attendoient au mépris et aux restitutions, sur ce qu'ils voyoient, ils n'osoient en croire leurs yeux, sur ce qu'ils entendoient, ils craignoient de se fier à leurs oreilles, et pour reprendre leur audace il leur fallut revenir de leur étonnement Cette audace ils l'ont reprise, et l'Europe entière en ressent les effets; mais au milieu de leurs joies insolentes et de leurs inconcevables prospérités, ils éprouvent un *malaise* qu'ils n'avoient point encore connu, celui des *fausses positions.* On a pu dépouiller, repousser, calomnier les royalistes, les représenter comme un troupeau de furieux et d'imbéciles, les mettre en habileté politique et en intelligence des affaires au-dessous même des *crétins* et des *albinos*, mais on n'est point parvenu pour cela à leur ôter en effet le jugement, la mémoire, et jusqu'à un certain point la parole. Cette parole fatigante, importune, qui d'abord retentissoit partout, a été par degrés resserrée dans le cercle le plus étroit, et dernièrement attaquée jusque dans son dernier refuge, sous le même prétexte si astucieux qui partout ailleurs l'a réduite au silence. Cependant elle peut encore, de temps à autre, lancer du haut de la tribune ses *inévitables* traits ; et dans nos adversités nous avons encore quelquefois le léger adoucissement de voir tel homme pâlir lorsque l'on prononce son nom ou celui de ses amis, tel autre rougir lorsqu'on lui adresse une interpellation. « *Confusi sunt quoniam* sprevimus *eos* (1). Ce mépris qu'ont pour eux des gens auxquels ils ne peuvent rendre que de la haine, les irrite, les exaspère ; il est la cause secrète de leurs continuelles inquiétudes, de leurs agitations continuelles ; il est leur premier châtiment, et peut-être, les poussant sans cesse à de nouveaux excès, amenera-t-il quelque jour le dernier. La Providence a ses voies aussi mystérieuses qu'incompréhensibles.

Oui, sans doute, il règne dans le fond de ces âmes un désordre et des terreurs que des âmes innocentes peuvent difficilement concevoir ; leur conscience alarmée leur crée des intérêts non moins inexplicables, qui leur font rechercher avidement le pouvoir, malgré tant d'amertumes nouvelles, et jusqu'à présent inconnues, dont il est entouré pour eux et uniquement pour eux ; le pouvoir qui n'a plus de prestige et de considération que ce qu'il en reçoit de celui qui l'exerce, où ils sont forcés de se montrer à

----

(1) Ps. LII, 7.

tous les yeux, tels qu'ils sont, alors que tous les yeux sont devenus clairvoyans, où, chancelant sans cesse entre le bien et le mal, repoussés des méchans sans être accueillis des bons, fondant sur l'indifférence, *du moins apparente*, des opinions, un système de conduite qui est le jouet de toutes les opinions, ils sont devenus, en morale comme en politique, un *je ne sais quoi* qui n'a point de nom, trop heureux encore qu'on ne leur applique point le seul nom que raisonnablement il seroit possible de leur donner.

Qui pourroit trouver ces réflexions trop amères et trop rigoureuses, lorsque nous voyons un ministère naguère soutenu, porté pour ainsi dire par tous les honnêtes gens, qui, pour l'amour du bien public, et en échange de quelques espérances, lui avoient fait le sacrifice de leurs anciens ressentimens et rendu une confiance dont il avoit tant de fois abusé, lorsque nous voyons ce ministère, dès que l'occasion s'en présente, rentrer dans les voies obliques et tortueuses qu'il juroit avoir quittées pour toujours ; après avoir long-temps caressé le côté droit, se tourner avec bienveillance du côté gauche pour lui donner un témoignage qu'il ne l'a point abandonné ; jeter dans une loi religieuse qu'il a été contraint de présenter tous les poisons révolutionnaires ; et immediatement après, venir offrir à la révolution des garanties nouvelles dans un projet de loi scandaleux, devenu plus scandaleux encore par la manière dont ce ministère l'a défendu ?

Quant au scandale du projet, nous renvoyons nos lecteurs à la liste des donataires lue à la tribune par M. Duplessis-Grénédan, et au commentaire court, mais substantiel, dont il a accompagné cette lecture. Nous n'examinerons ici que la fausse position de ce ministère formé de tels élémens qu'un menbre de la chambre a pu, dans les sentimens pénibles dont il étoit agité, adjurer la plupart des personnages qui le composent, de ne pas en agir plus mal avec la monarchie légitime qu'ils n'auroient fait en semblable

circonstance, *lorsqu'ils étoient au service de l'usur-
pation.* Dans notre ancienne France, où il y avoit un
sentiment si exquis des bienséances, qu'elles sup-
pléoient en mille occasions au véritable honneur et à
la probité, on n'eût peut-être pas trouvé un seul
homme qui eut voulu, quel qu'en pût être le prix, se
placer de manière à être obligé d'entendre de pareilles
choses au milieu d'un *rire universel* plus cruel encore
que cette sanglante interpellation; ou s'il eût été
assez insensé pour s'exposer à cette humiliation, il
n'auroit plus eu d'autre ressource que d'aller, loin
de tous les yeux, en mourir de honte et de douleur;
car la vie désormais eût été pour lui plus affreuse que
la mort. La confusion produit d'autres effets dans le
temps où nous vivons : elle inspire une sorte d'audace
factice, elle cache le trouble des pensées sous l'effron-
terie des paroles, et M. le ministre des affaires étrangères, avec cette mobilité heureuse qui le fait toujours
rester en place, et cette flexibilité imperturbable qui
sait le rendre à la fois agréable à ses amis et à ses ennemis, qui en fait au besoin l'*ami de tout le monde*, est
monté à la tribune pour donner à ce sujet les *expli-
cations* qu'on vouloit bien lui demander. Il a donc
déclaré avec beaucoup de candeur, de simplicité et de
fermeté : « qu'il avoit à la vérité des conseils pour
toutes sortes de gens, mais que le ciel l'avoit doué
d'assez d'esprit, de conduite et de sagacité pour savoir
les distribuer à propos, selon les temps, les personnes
et les circonstances; qu'autrement on conseille un
usurpateur, autrement un *roi légitime;* que le *chef du
gouvernement* sous lequel nous avons eu l'avantage
de vivre jusqu'en 1814, *quelle que fût la hauteur de
ses pensées*, n'étant pas en *position* de comprendre ce
qu'il y avoit de *libéral* dans les conseils que lui,
M. Pasquier, étoit maintenant en *position* de donner
au Roi, il lui auroit conseillé *précisément tout le contraire* de ce qu'il conseille maintenant. » Puis il a dai-
gné expliquer ensuite quelle étoit la nature des conseils qu'il donne à Louis XVIII.

Ce sont des conseils qui *siéent si bien à la magna-nimité du roi légitime*, d'où il faut conclure qu'il donnoit à l'usurpateur, quand l'occasion s'en présentoit, des conseils qui *n'étoient point magnanimes*. Nous le savions; mais que l'on en soit venu au point de débiter tranquillement à la tribune, c'est-à-dire en présence du monde entier, des maximes qui auroient fait honte à Machiavel, et qui sont certainement le *point culminant* de la corruption en morale comme en politique, c'est ce qui ne s'étoit point vu encore, du moins au degré où l'a fait M. le ministre des affaires étrangères.

Son Excellence ne s'est point arrêtée en si beau chemin. Elle a jugé convenable d'entrer dans les détails et de nous faire connoître *plus particulièrement* encore les motifs qui l'auroient déterminée à ne point donner à Buonaparte les mêmes conseils qu'à Louis XVIII : c'est qu'un usurpateur ne pouvoit empêcher, par le vice radical de sa *position* (la position revient toujours, comme on voit), que *les hommes les plus honorables* de la nation ne fussent ses ennemis, ceux qui sont ses *amis*, (M. Pasquier n'a pas ajouté, *et des hommes peu honorables*, mais il est clair qu'il l'a sous-entendu), ceux-là, dis-je, ne pouvoient lui *conseiller* ni la justice, ni la clémence, ni la générosité, tandis qu'ils *conseillent* tout cela au Roi légitime, qui *heureusement* est dans une *position* très-différente. « Il ne doit *plus connoître d'ennemis*, » il ne doit plus *concevoir qu'il en existe pour lui*, » la générosité est *sans danger*, le pardon est *toujours* » *possible*. » Et M. le baron Pasquier débitoit serieusement ces inconcevables propos dans un de ces momens où la chambre des pairs assemblée continuoit de procéder au jugement d'une *des quatre ou cinq conspirations* qui ont éclaté depuis moins d'une année; ce qui ne prouve point toutefois qu'elle *punira* les conspirateurs, et en effet, puisque le pardon est *toujours possible*, on ne voit trop quelle raison il y auroit de les punir.

Mais ce qui mérite le plus d'attention, c'est la fin du discours de Son Excellence. « De l'interpellation » qu'on nous adresse, a-t-il dit, découle une seconde » proposition *plus grave* (tout ce qui a précédé n'est » que pure bagatelle) : elle ne tend à rien moins qu'à » placer *hors du mouvement* des affaires politiques » de la France des hommes qui *pendant trente an-* » *nées* (c'est-à-dire par-delà et y compris 93) y ont » joué un rôle *plus ou moins* important. Il n'appar- » tient à personne d'entrer dans la conscience de » *tant d'hommes de bien* qui ont cru qu'il falloit *tou-* » *jours* servir leur pays, quelles que fussent les cir- » constances, quelle que fût la situation humiliée » dans laquelle ils trouveroient la *patrie*. Quels que » puissent être les talens des hommes qui ont été *ab-* » *sens* pendant trente années, dans *quel embarras* » *ne se trouveroient-ils pas* en se voyant tout à coup » à la tête des affaires, s'ils n'étoient pas entourés » de *ceux qui les ont maniées pendant un si grand* » *espace de temps ?* Si le *gouvernement* (il a voulu » dire le Roi) suivoit une *telle marche*, il éloigneroit » de lui, non pas *seulement quelques parties*, mais » *les quatre-vingt-dix-neuf centièmes de la nation.* »

Nous prendrons la *liberté grande* de faire à M. le baron Pasquier une réponse un peu plus vive et surtout plus complète que celle qu'a été obligé d'improviser M. Clausel de Coussergues, qui, pour de telles exclusions, a cru devoir se renfermer dans le cercle beaucoup trop étroit des *cent jours*. Ce n'est point assez ; nous y ajou-terons d'abord, et sans doute sans contestation, ces *hommes de bien* qui, en 93, n'ont point désespéré de la *patrie* et ne passoient presque pas un jour sans la *sauver*; puis embrassant ensuite toutes les époques de la révolution, *sans exception*, voici comment. nous essaierons de répondre aux sophismes de Son Excellence : « Il faut *distinguer*, s'il vous plaît : dans ces grandes commotions des empires où triomphe la révolte, où toutes les passions déchaînées semblent conspirer contre l'existence de la société, il est, au milieu des bouleversemens qu'elles amènent, des violences et des injustices qu'elles exercent (et cela est remarquable, surtout dans les sociétés chrétiennes); il est, dis-je, un principe d'ordre que le désordre lui-même ne peut détruire, que même il n'a aucun intérêt d'attaquer, parce que, sans ce principe salutaire, il verroit s'anéantir la société même qu'il opprime, et dont il fait sa proie. Ce principe a son action *particulière* qui est hors du mouvement des factions; il a ses agens *particuliers* dont les fonctions sont de conserver, tandis que les ambitieux et les brouillons détruisent; de protéger alors qu'ils persécutent, de relever après qu'ils ont renversé, de tenir en quelque sorte la société comme en réserve pour des maîtres plus doux et pour des temps meilleurs. Ainsi au milieu de l'anarchie la plus violente, comme au sein de la police la plus exacte et la plus vigilante, sous les plus justes princes comme sous les plus abominables tyrans, on paie et l'on perçoit des impôts, on contracte des mariages, l'état de la famille est maintenu par des lois; il est encore des lois pour garantir les propriétés, les transactions entre les citoyens, leur état civil et toutes les autres conditions de leur existence sociale; les tribunaux continuent de prononcer sur leurs différends, de punir les délits contre la sûreté publique, etc., etc., et dans toutes les diverses parties de cette administration protectrice, les fonctions sont toujours innocentes, souvent honorables, quelquefois même c'est un devoir de les accepter et de les remplir. Que le bon parti se relève après avoir été abattu, qu'il sorte vainqueur de sa lutte avec les traîtres, ce n'est pas contre de tels fonctionnaires qu'il a combattu : bien loin de là il retrouve en eux ses auxiliaires naturels, puisqu'ils ont été au milieu de tous les crimes politiques des instrumens de justice et de paix; il doit donc les maintenir et se les associer par la raison même qui lui fait une obligation de re-

pousser les agens *destructeurs*, ceux qui ne travail-
loient qu'à perdre la société que les premiers ont
sauvée. Et comment feroit-il autrement, puisqu'il
n'est appelé le *bon parti* que parce qu'il s'est armé
lui-même pour le salut de la société?

Ainsi s'établit d'elle-même, et au sein des discordes
civiles, la ligne de démarcation : ceux qui conservoient
doivent être conservés ; ceux qui détruisoient doivent
être rejetés ; et c'est surtout dans *le mouvement* des
affaires politiques dont parle Son Excellence, que se
trouvoient ces *destructeurs*. Là étoient tous les fau-
teurs de l'anarchie, tous les satellites du despotisme,
tous ces misérables qui, après s'être faits les flatteurs
de la multitude et les exécuteurs sanglans de ses ca-
prices et de ses fureurs, flattèrent plus lâchement encore le tyran le plus farouche qui ait jamais existé, lui
prodiguèrent encore plus de sang et plus de larmes, se
montrèrent pour le servir encore plus abjects et plus
cruels. Quelles sont donc ces affaires qu'ils ont si habile-
ment *maniées* pendant *trente années*, où l'on n'a fait
autre chose dans notre France malheureuse qu'entas-
ser ruines sur ruines ? qu'ont-ils appris et que préten-
dent-ils nous apprendre, eux dont tous les efforts,
pendant ces temps si longs de honte et de désastres,
n'ont eu d'autre but que de nous faire tout *oublier* ?
Auteurs de tout mal, comment sont-ils si audacieux
que de dire : « C'est à nous qu'il appartient de faire le
bien ! » Comment ont-ils ce front, lorsque, depuis six
ans qu'ils nous aident de leurs lumières perfides et
de leur fatale expérience, les maux se sont accrus
dans une progression dont l'imagination s'épouvante ;
et que, d'un bout de la France à l'autre, un cri général
n'a cesser d'accuser leur mauvaise foi ou leur inep-
tie ? Que parlent-ils de ceux qui *ont été absens pendant trente années*, devant cette foule de royalistes,
témoins malheureux et *obligés* de cette époque inouïe
dans l'histoire des hommes, qui connoissent tous les
ressorts de cette monstrueuse tragédie, qui peuvent

en nommer et en qualifier tous les acteurs, donc le regard sûr et perçant a pénétré pour ainsi parler jusque dans les entrailles de la révolution et en a mis au jour les plus épouvantables secrets. Ah! sans doute, s'il existe un homme qui, éloigné de la France pendant ces trente années, où se sont passés les événemens de plusieurs siècles, confiné au bout du monde avec la commission de faire prospérer quelques peuplades à demi barbares qu'il a pu gouverner avec le bâton d'abord, et par degrés avec de simples lois de police municipale, un homme qui, dans l'ignorance la plus profonde de ce que nous sommes, de ce que nous avons été, et de beaucoup d'autres choses encore, ait été assez intrépide pour venir se placer au timon de nos affaires, au risque de tout ce qui peut en résulter de honteux pour lui et de malheureux pour nous; qu'ils entourent un pareil homme, qu'ils l'enivrent de leurs flatteries, qu'ils le couvrent de leurs ténèbres : c'est comme une Providence qui le leur envoie; et parce qu'en effet il lui est impossible de faire un pas sans être soutenu, qu'ils lui persuadent bien qu'eux seuls sont en état de le faire marcher; que sans eux il tomberoit et l'Etat avec lui? qu'un tel homme, s'il existe, croie donc tout ce qu'ils pourront lui dire, à la bonne heure : et pourquoi ne les croiroit-il pas? Que sait-il, que peut-il savoir de ce qui se passe au milieu de nous? Sur toutes ces choses nos petits enfans en savent plus que lui.

Quant à ceux qui n'ont pas été *absens*, mais *présens*, si la fortune de la France eût voulu qu'ils eussent été appelés à *manier les affaires*, ils auroient eu si peu besoin de l'expérience de ces *hommes de bien*, qu'ils se fussent efforcés de faire le contraire de ce que ceux-ci ont fait : c'est l'expérience des siècles qu'ils eussent consultée avec la ferme résolution de sortir le plus tôt possible de cette société *matérielle*, si contraire à la nature de l'homme, à sa dignité, à sa véritable liberté, dans laquelle nous nous enfonçons de jour en jour davantage, et qui doit finir par rendre l'homme *impossible à gouverner*. Au lieu d'étudier cette machine d'administration si follement compliquée que ses fabricateurs osent plus follement encore présenter à notre admiration, ils l'eussent brisée avec dédain ; et appelant à leur aide cet auxiliaire *Tout puissant* que ces hommes de haine et d'orgueil ne peuvent ni implorer ni comprendre, qu'ils ont repoussé et qui les a pour jamais abandonnés, ils eussent prouvé, à la face du monde, que la science du gouvernement, si difficile, ou pour mieux dire, tout à fait impraticable sans lui, devenoit simple et facile avec lui ; et devant la vraie lumière qui éclaire, eussent disparu toutes les fausses lueurs qui éblouissent. Voilà ce qu'ils eussent fait ; et pour trancher plus nettement encore la question, il nous suffiroit de mander comment ils auroient pu faire pis que ce qui s'est fait, quelque chose qu'ils eussent imaginé de faire. Nous le demanderions même aux plus effrontés partisans du ministère actuel, en leur portant le défi de nous faire la moindre réponse qui eût une apparence de raison.

Ils n'en peuvent faire qu'une seule, et cette réponse ne pouvoit manquer de se trouver dans le discours du ministre : *on auroit mécontenté les quatre-vingt-dix-neuf centièmes de la nation*. Nous la connoissions à l'avance cette réponse : elle est la clef de tant d'événemens inexplicables provoqués depuis six ans pour en faire une *vérité*, et qui n'ont pu même lui donner l'air de la vraisemblance. C'est avec cette réponse fatale, renforcée à l'occasion du *besoin des peuples* et du *progrès des lumières*, que l'on a trompé, que l'on trompe encore tous les jours ceux qui, par sentiment, par devoir, par le plus noble intérêt, ne veulent et ne peuvent vouloir que l'honneur, le repos, la prospérité de la France. C'est en leur présentant sans cesse ce vain fantôme de séditions et de guerres intestines, formé le plus souvent par ceux-là mêmes qui s'offrent pour le combattre, que de perfides conseillers ont su les entraîner dans la voie qui conduit aux abîmes ; et il a fallu une suite de miracles pour que la monarchie n'y ait pas déjà été pour jamais engloutie. Certes ils eussent marché, et aujourd'hui encore ils marche-roient dans d'autres routes, si avec de la conscience et du courage on leur disoit et on leur persuadoit *ce qui est vrai :* « Que les quatre-vingt-dix-neuf centièmes de la France n'ont jamais su qu'une seule chose, *obéir ;* n'ont jamais désiré qu'une seule chose, *le repos ;* que ce qui prouve la première assertion, ce sont tous les genres de tyrannie qu'ils ont si patiemment endu-rés ; que ce qui prouve la seconde, c'est tout ce que l'on tente vainement depuis six ans pour en faire des rebelles et des factieux ; qu'il n'est rien au monde à à quoi ils prennent moins d'intérêt qu'à une poignée d'ambitieux qui, *en masse,* leur sont inconnus, et qu'ils ne connoissent *partiellement* que par les vexations qu'ils en ont éprouvées ; qu'ils sont fatigués de tout, indifférens à tout, et d'une indifférence qui finiroit par s'étendre jusqu'à la *source du pouvoir,* ce qui, de tous les malheurs, seroit le plus grand, si le pou-voir légitime ne se hâtoit de rassembler autour de lui tous ceux qui n'ont d'autre pensée et d'autre intérêt que de le faire aimer ; qu'il le peut *s'il le veut ;* et que partout on le bénira s'il lui plaît de le faire. « Voilà en peu de mots ce que sont, ce que pensent, ce que font, ce que sont prêts à faire les *quatre-vingt-dix-neuf centièmes de la France,* semblables en cela à tous les peuples qu'une longue tyrannie a énervés et corrompus ; et tout ce que l'on dira de contraire sur un tel sujet n'est que *déclamation* et *piperie.*

Que dirons-nous de la fin de cette séance et de ces séances non moins déplorables dont elle a été suivie, où les membres du côté gauche ont retrouvé dans leurs plus ardens orateurs cette heureuse abondance de phrases ronflantes qui, depuis quelque temps, ne charmoient plus leurs oreilles et avoient cessé d'épouvanter les nôtres; où la tribune a de nouveau retenti de ces paroles insolentes et séditieuses : la *patrie*, l'armée de *la patrie*, le drapeau de *la patrie*, *la patrie* qui n'émigre pas, les chouans et les Vendéens qui ont combattu *contre la patrie*, etc., etc., etc.? Nous n'en dirons rien autre chose, sinon que, dans cette circonstance, le président n'a pu user du droit qui lui a été donné de rappeler ces orateurs à *l'ordre*, parce qu'ils étoient *dans la question*; et cette question, c'est le ministère lui-même *qui l'avoit posée*.

IMPRIMERIE DE COSSON.